RETALES Y ALGARABÍAS

ExLibric

PACO ALBIAC

RETALES Y ALGARABÍAS

EXLIBRIC

ANTEQUERA 2023

RETALES Y ALGARABÍAS
© Paco Albiac
© de las imágenes del interior y de cubiertas: Paco Albiac.
Diseño de portada: Dpto. de Diseño Gráfico Exlibric

Iª edición

© ExLibric, 2023.

Editado por: ExLibric
c/ Cueva de Viera, 2, Local 3
Centro Negocios CADI
29200 Antequera (Málaga)
Teléfono: 952 70 60 04
Fax: 952 84 55 03
Correo electrónico: exlibric@exlibric.com
Internet: www.exlibric.com

ISBN: 978-84-10076-51-8
Depósito Legal: MA-1856-2023
Impresión: PODiPrint
Impreso en Andalucía – España

Nota de la editorial: ExLibric pertenece a Innovación y Cualificación S. L.

PACO ALBIAC

RETALES Y ALGARABÍAS

Para mi hijo.
Que estos versos te acompañen
en tus días, como un susurro constante
que te recuerde lo que significas para mí.
Que cada palabra sea un lazo invisible
que nos una más allá del tiempo y el espacio.

Prólogo

Los sentimientos olvidados son espejos infinitos que reproducen las eternas agonías hiladas con finos rizos de sombras, y tapices de claroscuros… Así se presenta Retales y Algarabías, un viaje poético que se despliega como un manto de sentimientos y profundas reflexiones de su creador, Paco Albiac.

En esta colección de poemas, Paco Albiac nos invita a explorar los recovecos de la existencia a través de su íntima mirada y su pluma, que danza entre las líneas. Cada poema es un retazo de sí mismo, una instantánea de sus pensamientos y anhelos que reflejan su mirada personal sobre el mundo, entretejida con la esencia misma de la filosofía y la literatura que componen su ser.

Retales y Algarabías no es simplemente un compendio de versos, es un reflejo de la complejidad humana. En las melodías de sus palabras, Paco Albiac entrelaza la filosofía con la poesía, hilando pensamientos profundos con metáforas sugerentes. Sus letras son pinceladas en el lienzo de los sentimientos, creando paisajes y emociones que resuenan en los corazones de aquellos que se aventuran a sumergirse en sus páginas.

A medida que avanzamos por este viaje poético, nos encontramos con retales de experiencias vividas, trozos de sueños que se deslizan entre las letras, y las algarabías de emociones que trascienden del corazón del autor. Es un mundo donde el lenguaje se convierte en un puente entre lo palpable y lo fugaz, entre lo real y lo imaginado.

Paco Albiac nos sumerge en un torbellino de reflexiones, donde la filosofía se convierte en un pálpito que resuena en cada verso. Sus palabras acarician la razón y el alma, incitándonos a cuestionar, a sentir y a explorar los matices más profundos de nuestra existencia.

En Retales y Algarabías encontraremos poemas de amor, de amistad, de la naturaleza, de la ciudad, de la vida y de la muerte. Son poemas que nos tocan el corazón y nos hacen ver el mundo con nuevos ojos.

En este prólogo apenas rayamos la superficie de la riqueza que espera en las páginas subsiguientes. Retales y Algarabías es más que un conjunto de poemas; es una invitación a un diálogo con la esencia misma de la vida. Así, adéntrate en este océano de palabras, permite que el flujo poético te arrastre y descubre la magia que solo Paco Albiac puede conjurar con su pluma.

Agradecimientos

En el tejido de la vida, hay momentos en los que nos encontramos con almas afines que iluminan nuestro camino con una luz especial. A mi amada esposa, mi musa y confidente, quiero dedicarle estas palabras de gratitud y amor en el umbral de este libro de poemas, un testimonio de un viaje que ha sido posible gracias a su apoyo inquebrantable.

En cada verso, en cada página, en cada rincón de este libro, se encuentra mi agradecimiento. Que estos poemas sirvan como prueba de la belleza que compartimos, y que cada palabra sirva de recordatorio de la fortaleza que emana de la vida que ambos compartimos y las emociones que solo nosotros entendemos.

RETALES

POEMARIO

Los sentimientos olvidados
son espejos infinitos
que reproducen las eternas agonías
hiladas con finos rizos de sombras,
tapices de claroscuros
y eléctricas caricias arropadas
por quiméricas falsedades.

Ni el cordero ni el león
impedirán que al alba reverdecida
nazcan los niños libres de cadenas.

Yo, refugiado en las ambigüedades
de mi recóndito puerto,
espero con apagado sosiego,
sin pensar en los arraigos
ni en los destinos.

Poseo el incalculable caudal
de los cantares atesorados
en mis eternos peregrinajes,
intuyo y acepto los limpios amaneceres,
y las fructíferas tormentas
que se alimentan de las interminables lágrimas
vertidas en los círculos
engastados de errores y desasosiegos.

OLIMPO

Chispas de sangre, calores oscuras
y letanías entonadas a media voz
decoran la noche insolente,
un mágico sonsonete
revolotea por las gargantas
de los tristes vagabundos,
a lomos de las químicas aves
amamantadas con leche y cicuta.
Los lamentos y los martillos
cincelan de filigranas
sus sedientos corazones,
los arábigos rezos
de los hombres y los muchachos
se pierden por los pliegues
de la noche mentirosa…

LA DISTANCIA DE LOS MUERTOS

Hay cuatro palomas de sangre
y cuatro cuervos dolidos,
posados en el regazo
de una vieja desdentada,
cegada por los rencores
de las memorias de los muertos
que fulguran en los altares
de hierro, oro y sombras.
Un puñal de fallidas esmeraldas,
que serpentea por las marmóreas lápidas,
desgrana las saetas que adornan
setenta madrugadas.
Los niños y los derrumbes
se afanan, jugando enredados
en los volantes
de las tristes primaveras.
Las viejas plañideras de cal y añil
entonan los sonsonetes
de las cruentas sentencias.
Las cuatro palomas de sangre
y los cuatro cuervos dolidos
se miran en los espejos
del olvido de los muertos.

EL LIMONERO

En las horas ociosas,
cuando suspiro
paralizado y dividido,
sueño con la mirada
del limonero que palpita
a través de mi ventana.
Siento que me saluda y consuela,
me entrego agradecido
a su agrio regazo,
y encuentro la paz momentánea.

LOS RECUERDOS

Para rebuscar entre los recuerdos
la condición indispensable es ser valiente
y, por añadidura, sincero.
No se pueden desempolvar las vivencias
enterradas en el pasado,
si no se está dispuesto a enfrentar
los fantasmas, que procurarán hacernos desistir
de nuestro propósito,
encubriendo las secuencias de nuestras vidas.
Hay que ser valiente para despojar los recuerdos
de los velos, que cubren las heridas
causadas por los demás,
y las que infligimos a los otros.
La crudeza de nuestras miserias
son el ácido que corroe el alma.
Procuramos a toda costa evitar el dolor
de nuestros pensamientos y acciones pasadas.
Para encontrar lo bello, lo gozoso,
es preciso hurgar y apartar los desechos
del vertedero de nuestras almas,
para recuperar lo valioso que yace enterrado,
cubierto por las decepciones,
las angustias e ilusiones
abortadas por nuestras cobardías.

EL ÁRBOL

Es desgarbado, de huesos largos,
musculatura flexible, cuando camina,
imprime a sus pasos una cadencia musical
que resulta imposible ignorar.
Tiene el pelo negro, áspero, que se le resbala
por la frente,
hasta casi ocultar sus ojos marrones
de mirar femenino,
como de muchacha ilusionada.
No es atlético,
pero sí fuerte y vibrante.
Vive en la ciudad,
donde las ilusiones
crean infinitas realidades a cada instante.
Es la ciudad de edificios vetustos
y vecindarios pendencieros.
Es la ciudad de los contrastes,
lo paradójico, los sinsentidos.
Él está a gusto, porque esta parece comprenderle,
su nombre evoca las ansiadas profundidades
de pasadas carencias olvidadas.
Cuando la sombría noche todavía destellaba
posada en lo alto,
se acercó al tronco terso,
carente de rugosidades,

de uno de los árboles que circundaban la avenida
que serpenteante atravesaba
el corazón de la ciudad dormida,
lo abrazó, sorprendido de su calidez,
supo que era un árbol amigo,
que en tanto permaneciese ceñido a su tronco,
estaría a salvo.
El contacto de aquella palpitante tibieza
calmaba las carencias de su alma torturada.
El sentimiento de quedar clavado a la tierra,
fundido, parte de la arboleda de la avenida
que dividía el corazón de la ciudad,
empujó el suyo a volar ingrávido
hasta el suave universo
de las ninfas y las hadas…

DESEOS

Necesito escribir, rotas las ataduras,
ignorante de las mentiras
que sellan el día a día,
quiero liberarme,
crecer sin ambigüedades,
solazarme en las frescas praderas,
desnuda el alma,
inspirar las brisas y los aires que embriagan
huérfanos de invisibles creadores
y figuras maternales,
hundirme en los cenagales prístinos,
que rezuman sus nieblas hechiceras.

A LOS NIÑOS OLVIDADOS

Los crueles mensajeros
de sus dioses vengativos
trazan odios impacientes
sobre los azulencos tapices,
con ardientes filigranas.
La sedienta tierra se derrumba,
arropada por un mar
de tristeza cenicienta,
las blancas sonrisas
de los niños pordioseros
se tiñen de las salobres caricias,
y los llantos deslumbrados
por las divinas justicias
de los ladrones de barro
se cubren con los rebozos
de las palomas ausentes,
arrulladas por los rumores
de las cuatro esquinas baldías.
Los niños sin suelo ni cama
se arremolinan en los regazos
de las madres de los hombres,
hasta que la mañana inapelable
componga la sinfonía
de las blancas sonrisas
pintadas de las indiferencias,
que se cuelan por los rincones
de los pétreos corazones.

ODA A LOS NIÑOS NUEVOS

La espesa noche huérfana
de púrpuras diamantinas
atesora los recuerdos
de los niños que dibujan
las olvidadas sonrisas claras
que, desperdigadas sobre lechos
empapados de sudores agridulces,
erguidos, anuncian el renacer
de los hijos del hombre nuevo.

Los ojos de la noche,
marcados por sus miradas oscuras,
desatan los enconados sinsabores,
que arraigaron en las interminables
orillas yermas,
cercadas de cadenas rotas.

Y en los cantos de los sucios pedregales
se encrespan las caricias
de un mar cansado,
que reclama las memorias
de las promesas agostadas,
por los arrullos murmurados,
entre húmedos vahídos tubulares.

LA CULPA

Confundido, creía conocer las razones
por la que los hombres abrazan los olvidos,
el porqué de las distancias de los muertos.
Apoyado en el alféizar de la ventana
que se abría al campo yermo,
buscaba entristecido las gotas del rocío,
que jamás se posarían
sobre aquel terroso pedregal,
tan insensato como necesario,
sentí deseos de abandonar
y refugiarme en las acogedoras
llanuras oscuras de la culpa.

LA PÉRDIDA

Los helados escenarios
que se amparan por sus cálidos rincones
arropan etílicos delirios
de los ausentes mendicantes.
Sus enraizados vítreos capullos,
que tapizan cual radiante manto
los cenicientos empedrados,
acaparan tímidos destellos
de las veladas luces del alba,
en un vano intento postrero
del agónico sol de invierno.
En la ventana enrejada
del abandonado cuarto,
la pasada noche aún latente,
se posan los vivos recuerdos
de las barbaries aceptadas.

EL NOVENO DE LOS NUEVE

Cabalga el emisario
a lomos del cancerbero,
enjaezado con abalorios
de espumarajos bicolores.

Surca el mar y suspira
con alientos contenidos,
que le sellan la mirada
a las muecas y los llantos
de los corifeos ignorados,
encogidos en las nieblas
del noveno de los nueve.

El heraldo envejecido,
domeñado por las encabritadas hordas,
degusta las mieles amargas
del falso grial santo,
oculto en las olímpicas alturas
a cobijo de las vidas desgajadas.

La noche brilla más que el alba,
las mentiras se visten con los ropajes
de las verdades palaciegas,
donde se liba el néctar amargo
de la hiedra sospechosa,

que desata las letanías
para enmudecer los cantares
que adornaban las gargantas
de las hijas de Astarté.

DUALIDAD

Cuando los eternos instantes
que preceden el abrazo
de los helados besos decadentes,
que me arrastran al ansiado vacío,

añoro con infantil desespero
las brisas nunca ocurridas,
que acaricien los dorados pastizales
lejos, muy lejos de los quebradizos males.

La ignota enredadera, plena de cavidades,
devora inmisericorde las ocultas mentiras
de los dioses a los hombres,
que mendigan imposibles ensueños vacuos,

postrados ante los falsos altares,
que veneran las Isis desveladas,
alimentan mis urgencias satisfechas,
la bicéfala reptante Anfisbena.

EL PROFETA
BLASFEMO

¡OH, MUNDO!

Una mañana, el profeta contempló
las húmedas caricias del rocío
sobre los intrincados enramados
de la frondosa arboleda
que se ofrecía a través de la ventana
de su humilde cuarto,
y exclamó casi en un susurro:
«Querido mundo,
hoy quiero entonar un mea culpa
en mi nombre
y en el de todos los de mi especie.
Reconozco que somos y hemos sido
desde el principio de nuestra creación
criaturas dañinas que,
a la manera de las células cancerígenas,
infestamos el cuerpo de Gaia
con nuestros desprecios
por las más elementales reglas de la convivencia
en armonía con el resto de las criaturas
y la naturaleza con las que navegamos
por este solitario espacio infinito.
Somos los hijos descarriados
de esta mágica familia
compuesta por las luces y las sombras
de los seres, los elementos,
y las arbóreas praderas

que nos regalan el preciado privilegio de la vida
a través de sus limpios alientos.
A pesar de atesorar
la increíble cualidad de la conciencia,
que nos permite comprender
la majestuosidad de nuestra propia existencia,
nos revolcamos en la más despreciable indiferencia
hacia la propia vida que nos rodea.
Para nosotros, amor significa atesorar,
poseer los sentimientos de nuestros iguales,
deseamos ser deseados
sin importar las consecuencias
de nuestros pérfidos manejos.
El arte es un producto
sujeto al vil egoísmo impuesto por aquellos
que transitan por los caminos de la existencia,
adormecidos por la codicia del papel.
La entrega incondicional
es una moneda que carece de valor,
el amor es una concha vacía
que apartamos a nuestro paso,
por considerarla inútil.
Querido mundo, en mi nombre
y en el de todos mis queridos seres humanos,
te pido perdón con la esperanza
de que comprendas nuestras carencias.
Has de saber que, en nuestros pecados,
residen nuestras condenas.

Espero que nuestra caída
no os arrastren a ti
y a las inocentes criaturas que te pueblan
al abismo hacia el que nos precipitamos sin remedio,
y os permitamos existir en la paz y la armonía
para la que fuisteis creados».

EL ABANDONO

Dijo el profeta:
«A lo largo de las noches,
cuando las máscaras
que porto en mis vigilias
se desprenden de mi alma,
cual inútiles abalorios desgastados,
soy yo, oigo la respiración
que vibra en mis pulmones,
descubro que mi sangre
se renueva imparable
y alimenta mi corazón.
Lo que era renace
de las profundas sinuosidades
de mis ansias y frustraciones,
que me urgen dibujar
las sonrisas que refrescan y calman.
Y durante los breves instantes
que preceden la reparadora huida,
comprendo, entristecido,
lo fútil de las vidas malgastadas
por las obligadas cegueras.
Agotado, y falto de rencores,
suspiro calmo y me abandono,
a la cálida inconsciencia del sueño
en la fatua estéril espera.
Que el cercano amanecer me depare
silenciosos augurios
de esperanzas nuevas».

LA CAÍDA (LIBERACIÓN)

El profeta desechó las ataduras,
sufrió eternos martirios,
cruzó los desiertos ilusorios
disfrazados de paraísos,
hasta que, cegado por refulgentes claridades,
desafió las letanías vespertinas.
Se alzó en tímidos vuelos,
degustó trazos de lejanos placeres,
aún inalcanzables,
se hundió una y otra vez
en los ansiosos cenagales
que le reclamaban.

DESAMOR

Al cobijo del árbol milenario,
el profeta clamaba:
«En mi exilio voluntario
contemplo la vida pasar
sin que me roce,
preguntándome cuánto tiempo más
permaneceré inmerso en esta absurdidad.
No me preocupa si será
mucho o poco,
mas siento curiosidad por saber
cómo será el momento ineludible
de la partida.
Ni siquiera la gran incógnita
altera mi apatía,
pues aquí
soy un mero espectador».

ELEGÍA AL PROFETA BLASFEMO

El profeta no abandona la esperanza
de hallar la evasiva respuesta
que cual fiel cancerbero le acompaña
desde los albores de la creación.
Atesora maldades inconfesables
y deseos consumados,
sueña ociosas soledades,
implora el perdón que reside
en el cáliz que espera indiferente,
en los páramos dorados de Avalon.
Sus ojos miran sin esperanza
hacia las altas cumbres coronadas
de blancos cirros protectores
que el ángel del exterminio
adorna con pacientes sonrisas.
El cordero descansa sumiso,
no sabe de majestades
ni compone baldíos llantos,
vaga entre los espejos
que retornan las verdades escondidas
de los secos corazones,
y las lúcidas evidencias se recuestan dóciles,
agostadas por la indefinida Parca,
ávida de los reflejos ambarinos
de los sueños infantiles que renacen.

El profeta, paralizado, las abraza y abomina,
llora sus lágrimas vertidas
que fluyen arrolladoras
por los hombres que se entregan sin huir
las profundas respuestas esperando
la remisión de sus pecados,
pero solo hallan el alivio
en las vacuas mentiras que les libera
de la enfermiza libertad
que cual dardo envenenado
aúlla en las heladas estepas
y en los hirvientes confesionarios,
donde el deseo se alimenta
de la lobezna carroña
de los deseos extirpados
a los impúdicos esclavos obcecados.

LA VIDA (JUICIO AL PROFETA BLASFEMO)

Hoy prometo aceptarme sin peros ni argumentos.
Soy lo que soy.
Los defectos que arrastro desde que ocupé
el escenario de esta tragicomedia
que nosotros los comparsas denominamos «vida»
han de permanecer enquistados en mi carácter
por el resto de mis días.
Reniego de los rechazos y contriciones
que tanto dolor me han causado.
¿Qué podría yo alegar en mi defensa?
Con toda evidencia, después de años de certeza,
y aunque resulte paradójico,
sufro ante los infortunios y los padecimientos
de aquellos a los que considero inocentes,
las desgracias que les sobrevienen a los niños
y a los abandonados por la vida,
a los que sufren las indiferencias de las turbas aborregadas,
a los que se ven asidos por los sórdidos engranajes
de la justicia de los hombres,
a los que sobrellevan los martirios que deben padecer,
porque así lo deciden los truculentos
dioses de las inevitables
religiones y dogmas imaginados
para satisfacer los inmensos deseos
de los elitistas verdugos que portan las insidiosas máscaras

radiantes de pretendidos halos celestiales.
Por ello, declaro que soy más hombre y más humano
que lo humano cotidiano
que pulula por los pueblos, los campos y las ciudades
fingiendo estar vivos,
negando las evidencias
proyectadas durante el día a día
el alma y los corazones aletargados,
destilando las quimeras imposibles,
que, al servicio de las sombras envejecidas,
se alimentan de los deseos
de los hombres sin destino.
Desearía refugiarme en el amor,
sentirme arropado por abrazos maternales
que endulzasen los momentos
que preceden al sueño reparador,
y comprendo que esas imprudentes fantasías
no deben abandonar los quiméricos universos de mi niñez.
Por tanto, me yergo decidido
y enfrento con malévola insolencia
mis virtudes y carencias, que son pasajeras evidencias
de uno de los personajes que transita ofuscado
por los páramos mundanos,
que no son otra cosa… que la vida.

ALGARABÍAS

DESAFÍO

He caminado,
enfrentado demonios,
placeres efímeros y vaciedades,
orgulloso por haber desafiado
mis fantasmas sin doblegarme.
He reído, blasfemado y llorado,
temeroso, pero erguido…

EL GRITO

A mi esposa

Relucientes las candelas de rescoldos enconados,
la inexorable atadura del destino
teje el tapiz umbilical con argénteos hilos
de sosegadas promesas diamantinas.

En el umbral que se perfila
el inquebrantable yugo
se deshacen los laberintos
de las almas liberadas.

Y en las noches empapadas
de ociosos sudores agridulces
serpentean las toscas evidencias
que rechaza mi insumiso corazón,

Un frescor a rocío nuevo,
heraldo de intensas primaveras,
me regala las vibrantes cadencias deseadas
del corazón enamorado de Ixchel.

CRONOS

Los pasados de los tiempos
duermen en los desvanes
de los hombres aturdidos
por el peso insoportable
de las crudezas evadidas.

Las mujeres se ocultan
en las sinuosas estancias
que dividen sus plegarias,
hechas de yerbas extintas,
alfombradas de estériles caricias.

Los niños se desvanecen indefensos
por las esquinas del tiempo,
sin mieles subyugadoras
ni maternales plegarias
que silencien sus temores.

El cordero, sin añoranzas ni testigos,
calmo, reniega de los caminos
que ciegan las puertas y ventanas
de los sueños donde dormitan
las inciertas caricias del destino.

EL VUELO

En los enjaulados confines
de las baldías esperanzas prometidas,
morada de las almas errantes,
incapaces de alzar el vuelo
claman sus confusos lamentos.

Los augustos creadores,
ebrios de indiferencia,
declaman sus rojas blasfemias,
que auguran los exterminios
de las blancas inocencias.

Los creados dioses comediantes,
remedo de los cánticos divinos,
ignoran los tristes clamores
de las sangrantes aves enjauladas
entre las inmensas rojas paredes.

Mas hay un alba de esperanza
que, implacable, espera agazapada
los cantos indefectibles
que rugirán las proféticas cadencias
de las límpidas sonrisas liberadas.

LUNA NEGRA

La noche es un manto negro
con tachones de plata.
El mar, terso y tranquilo,
es un felino ahíto que descansa.
La luna oscura parece ausente.
Las olas palpitan sus melodías
de húmedas premuras innombrables
en el flujo eterno de los tiempos.

Arrinconada por los tímidos silencios,
de sus huérfanas manos vacías,
se mira en el invisible horizonte
de sus heridos espejos empañados.
Ella, la del pelo oscuro e inquieto,
aviva la hiriente caricia
de agujas, nácar y filigranas
que busca sus labios sedientos.

La luna negra, engañosa,
es un alma inquieta
de bruñidas cuencas vacías,
navega por los ignorados mares
de los amores renegados
y los besos huidizos, enconados,
de los inciertos amantes
de sal y pétreos abrazos.

SUEÑOS

Para Akira

En los momentos que decoran
las antesalas de mis sueños,
vuelo ingrávido, sin temores.
Audaz, compongo el universo soñado,
escenario de inconfesables placeres,
donde hallo imponente y cegadoras,
las mayestáticas cumbres,
donde renacen los caminos que conducen
a las encrucijadas de los tiempos.
Mi quimérico personaje,
apaciguado por sus fructíferos tormentos,
se sienta frente a la ventana
que le muestra el fresco limonero,
que habita en el terroso patio,
junto al férreo banco de sólidas filigranas;
idealiza la vida, que se desliza plácida y dinámica;
el sueño serpea con líquida blandura
y narra las situaciones de la mansedumbre imaginada,
para que yo la escriba.
Mis sueños nacen y se revelan,
irrefrenables las tensas riendas
de los relatos de las tramas de mi vida.
El aplastante renacer a lo continuo

y el inmenso peso de las horas
me llevan a buscar el deseado alivio
en el regazo de la ansiada huida hacia los sueños,
donde abrazo el refugio del olvido.

SEVILLA

MI CIUDAD

Mi ciudad es el lugar donde verdecen
las esencias de los eternos poemas,
de los espíritus que rondan por los albores,
de sus egregias callejas centenarias,
que se adornan con presumidas guirnaldas
de jazmines, romero y azahares.

Mi ciudad no sabe de ingratos rencores,
ni se vende a las tristezas pasajeras.
Por sabia, se nutre del dulce néctar,
de las eternas rimas del poeta,
que prometen el vigoroso regreso
de las oscuras aves peregrinas.

La ciudad —mi ciudad— se baña en las salobres aguas,
hermanadas con el río que la divide,
donde moran las atlánticas deidades,
y endulza con los perfumes de sus jardines
las verdaderas miradas de sus niños y mujeres,
que suenan a vida y africanos sonsonetes.

Mi ciudad derrama magia, calores y primaveras,
rumores y suspiros de amantes que permanecen
por los umbríos rincones de la mora judería,
de poetas, huríes y embozados caballeros,
de las plegarias de sus broncíneas campanas.
Mi ciudad se llama Sevilla.

LA CARBONERÍA
DE MI BARRIO

En la amada calle Parras de mi niñez,
con su balcón, que esparcía pétalos y saetas
cada Viernes Santo por la Recogía,
la carbonería de siempre era el mágico Aleph,
que desbocaba mi imaginación de niño.
Las oscurecidas techumbres,
que resguardaban las herméticas paredes
salpicadas de grietas,
cual heridas cauterizadas por el negro hollín,
se ocultaban tras los espartos y los carbones,
exhalaban taumatúrgicos alientos,
cargados de promesas imposibles.
Mi yo niño anhelaba atravesar
la fantástica frontera que delimitaba lo ordinario
de los reinos de princesas,
galanes y tenebrosos hechiceros.
Cuando presto a iniciar el paso decisivo,
la inevitable realidad
se imponía y demandaba:
«Dice mi abuela que me dé
un cuarto de cisco picón para la copa».

AGOSTO

En Sevilla, por agosto,
los amaneceres relucen cómplices,
orgullosos de su cercanía africana.
Los mediodías y las tardes
acumulan las calinas,
que se aposentan en los cuartos
de las casas de mi calle.

Las noches de agosto,
mi calle era testigo de la acampada
de la gente, cual nómadas peregrinos
acampaban a la búsqueda de las brisas
que estas quisieran regalarles.

El portal de mi casa,
y de las casas de los demás,
se cuajaban de colchones de borra,
botijos llenos de aguas refrescadas
y alguna que otra silla de enea.

Al fulgor de las estrellas,
mi calle se llenaba de diálogos
casi musitados, de toses
y de suspiros livianos.

Nosotros, los niños,
alocados de entusiasmo,
perseguidos por los chuchos del barrio,
brincábamos y correteábamos
imaginando épicas batallas.

Monstruos invencibles
y princesas secuestradas.
Avanzada la madrugada,
los padres y las madres
descansaban aliviados.

Nosotros, los niños,
cual Odiseo retornado,
acurrucados en los colchones de borra,
soñábamos agotados,
sin pensar en el mañana.

EL PRIMER AMOR

Es bajita, quizás algo corpulenta,
posee una mirada recta,
sin dobleces; su piel me excita,
huele a promesas
que yo debo descifrar,
piernas firmes y delgadas,
que recorro a la búsqueda
de su sexo ansioso.
Los ojos, como de miel,
tiene labios finos
que delatan sus urgencias.
Juntos descubrimos mundos
antes intuidos.
Cuando pienso en ella,
desgrano impaciente las horas,
a la espera de los momentos
de las eróticas batallas prometidas.

TRIANA

Las torres de la iglesia apuntan al cielo,
aún vestido con la fría negrura de la noche,
que no quiere desaparecer.
El aire es húmedo,
los cenicientos adoquines de la calle
se bañan en el rocío del amanecer
que despunta allá arriba.
El pacífico callejón está solitario,
la embriagadora niebla
que arropa mis sentidos
ahora quiere despejarse.
El alma me habla de los ojos verdes,
de una cara muy gitana
y una voz que desgrana
los versos por bulería, que se pierden
por la madrugada de la calle Betis.
El amanecer se llega indefectible,
derramando su luz dorada.
En el corazón de la plazuela,
adornada con sus naranjos amargos,
huele a café, a pan caliente y friturillas,
el sol es ahora el dueño.
Yo aspiro el alma mañanera,
y agradecido por los recuerdos,
me voy hacia la vera de las orillas del río,
testigo de mi dionisiaca comunión.

A LOLE

Ella pasea por el callejón del Agua,
se quiere decidir entre Sevilla o Triana.
El mirar de sus ojos de gitana
canta la aristocracia de los faraones.
Cuando asegura que todo es de color,
su voz de romero y yerbabuena
atraviesa el alma y los corazones.
Ella susurra orgullosa y soñadora
versos que hablan de la menta y la canela.
Hasta los reyes reclaman su cante y su presencia,
pero ella es orgullosa y solo le canta
a las mariposas blancas,
y le reza cantando
al Señor de los espacios infinitos.
Por ello declaro, enamorado de su cante,
que cuando me vaya,
se derramen mis cenizas
en mi parque de María Luisa,
para que le hablen al aire
de las quejas del Guadalquivir,
porque se tenía que decidir
entre Sevilla y Triana,
y no sabía cuál elegir.

A SUSI

En la calle que bordea
la corriente del río de Triana
resuenan los ásperos requiebros
de tu dulce voz rasgada.
Tu cante rompía el cristal,
que separaba a los amantes.
Cuando decías que la vida en primavera
se ponía sus ropas nuevas,
mi corazón, lleno de alegría,
juraba que guardaría tus letanías,
eternamente, joven, ilusionado.
Eres el río,
la plazuela,
las noches donde se sueñan,
los sueños inacabables
que adornan de guitarras y soniquetes,
las oscuras madrugadas,
que iluminan las fragancias,
de tus eternos ojos verdes.

A Pastora Galván

En la Macarena
hay dos Pastoras,
que encandilaron Sevilla.
Una la enamoró despacito,
con tiento.
La otra,
la volvió mora
por bulerías.

FUE EN SEVILLA

Te conocí en Sevilla,
perdida por la judería,
una tarde implacable de agosto,
en busca de un destino añorado.
Tu cuerpo, de andar erguido,
pregonaba su insolente juventud,
carente de ambigüedades.
Me has enseñado juegos
que yo, tu ilusorio amante,
jamás hubiese imaginado.
Por ti, he descubierto
el reino de los límpidos sentidos,
donde las palabras son baldías.
Contigo, he aprendido a explorar
los misteriosos recovecos ardientes
de nuestros cuerpos virgíneos,
y las confluencias desgranadas
por el roce un aliento.
Tú y yo hemos desatado
interminables agónicas batallas,
sin vencidos ni vencedores,
donde perecíamos arrastrados
a las inútiles densas ciénagas
de dolorosos placeres inconfesos.
A veces, como ahora,

diluidas las calurosas calinas,
pienso en tus magnéticas frecuencias
y, resignado, te recuerdo sin nostalgia.

Índice